{ 마리아가 이르되
주의 여종이오니
말씀대로 내게 이루어지이다 하매
천사가 떠나가니라 }

누가복음 1장 38절

꾸러미 동화 시리즈 02
마리아의 크리스마스 이야기

마리아의 마음 속에 피어난 믿음 꽃

초판 발행 2024년 12월 6일

지은이 | 꿈꾸는별들교육연구소
발행인 | 박종구
발행처 | (주)월간목회
등 록 | 서초 라 00079
주 소 | 서울특별시 서초구 반포대로39길 36-15 크로스웨이하우스 2층
전 화 | 02.534.7196-8
전 화 | 02.532.8747
이메일 | mokhoi1976@naver.com
인 쇄 | 프린피아

저작권자 © 2024 꿈꾸는별들교육연구소
이 책의 저작권은 꿈꾸는별들교육연구소에 있습니다.
신저작권법에 의하여 보호받는 저작물이므로
서면에 의한 저자의 허락없이 내용의 일부를 인용하거나 발췌하는 것은 금지되어 있습니다.
COPYRIGHT © 2024 Dreaming Stars Education & Research Institute
All rights reserved, including the rights of reproduction in whole or in part, in any form.

그러나 꿈꾸는별들교육연구소는 꾸러미 동화 시리즈가 널리 활용되기를 진심으로 바랍니다.
상업적 용도를 제외하고, 교회와 가정에서 창의적으로 활용하실 수 있음을 알려드립니다.

이 책에 사용된 이미지는 MidJourney를 사용하여 생성된 후 수정 및 보완되었습니다.
이미지에 관한 저작권 및 사용권은 MidJourney의 이용약관에 따릅니다.
The images used in this book were created using MidJourney and subsequently edited and enhanced.
The copyright and usage rights of the images are subject to MidJourney's Terms of Service.

Special Thanks
꿈꾸는별들교육연구소는 꾸러미 프로젝트를 후원해 주신
강신욱 님, 김정연 님, 김진문 님, 박승자 님, 송숙경 님, 홍성만 님께 깊은 감사를 드립니다.
편집과 교정 자문으로 헌신해 주신 오현정 님의 수고를 소중히 기억하겠습니다.
아울러, 빌리버스반석위교회, 삼능교회, 여수성동교회, 예수향남교회를 비롯한
많은 동역 교회와 동역자 여러분께서 보내 주신 귀한 기도와 지원에 진심으로 감사드립니다.

정가 6,000원

꾸러미 동화 시리즈 02 마리아의 크리스마스 이야기

마리아의 마음 속에 피어난
믿음 꽃

글·그림 **꿈꾸는별들교육연구소**

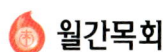
월간목회

나사렛이라는 작은 마을에
마리아라는 이름의 소녀가 살고 있어요.

마리아는 하나님을 너무나 사랑했어요.

마리아의 마음속을 보세요.
믿음의 씨앗이
조그맣게 심겨져 있네요!

하늘에서 마리아를 지켜보고 계시던
하나님께서는
천사 가브리엘에게
마리아를 찾아가
놀라운 소식을 전하라고 말씀하셨어요.

휙~ 휙~
천사 가브리엘이
마리아를 찾아왔어요.

"깜짝이야!"

마리아는 가브리엘을 보고 그만
깜짝 놀라고 말았어요.

"누, 누구세요?"

"가브리엘 천사라고요?"

마리아가 놀라며 대답했어요.

"제가요?
아들을 낳는다고요?"

마리아는 너무 두려웠어요.

"네, 그래요.

그런데 그 아기는

하나님의 아들이에요."

"말도 안 돼!"

마리아의 목소리는 **덜덜** 떨렸어요.

"저는 아직 결혼도 하지 않았어요.
어떻게 제가 아기를 낳을 수 있겠어요?"

마리아의 마음속에 있는
작은 믿음의 씨앗이
흔들~ 흔들~
흔들렸어요.

이러다가 믿음의 씨앗이
없어질지도 몰라요.

"하나님께서는 아주 특별한 일을 이루시려고
마리아를 선택하셨답니다.
아기를 낳으면 이름을 **예수**라고 지으세요.
왜냐하면 당신의 아들은 **왕**이 되실 거랍니다."

천사 가브리엘은 마리아에게 다정하게 설명했어요.

"이런 일이 왜 저에게 갑자기 일어난 걸까요?"

"하나님께서 오래전부터 계획하고 계셨답니다."

"제가 이 일을 해낼 수 있을까요?"

"마리아, 성령이 이 일을 이루실 거예요.
하나님은 우리 모두에게 말씀하신 약속을
꼬옥~
지키시는 분이랍니다."

"맞아요!
하나님은 언제나 약속을 지키셨어요.
하나님은 저의 주인이세요.

**저는 하나님의 종이니,
만약 하나님께서 그렇게 말씀하셨다면
따르겠어요."**

마리아는 믿음으로 고백했어요.

마리아는 콩닥콩닥 떨리는 마음을 가지고
친척 엘리사벳을 만나러 갔어요.

엘리사벳은 나이가 많은데 아기가 없었어요.

그러던 어느 날
하나님이 엘리사벳과 남편 사가랴에게
아들을 주셨답니다!

엘리사벳은 마리아를 보자마자 너무너무 기뻤어요.

폴짝폴짝

엘리사벳의 배 속에 있는 아기도
뛰며 기뻐했어요.

"마리아,
하나님이 너에게 큰 은혜를 베푸셨구나.
하나님은 너에게 하신 약속을 모두
꼬~옥 지키실 거야!"

쑤욱~

엘리사벳의 이야기를 듣고 난 후,
마리아의 마음속에 있는
믿음의 씨앗에 새싹이 돋아났네요!

"놀라우신 하나님!
저를 구원하시고 돌봐 주시니
감사해요.

제 마음에 기쁨이 넘쳐요.

저는 특별한 사람도,
대단한 사람도 아니지만
하나님이 저에게
놀라운 선물을 주셨어요.

모든 사람에게 은혜를 베푸시는
하나님을 찬양해요!"

마리아의 배는 점점 커지기 시작했어요.

한 달, 두 달, 세 달, 네 달….

아홉 달이 지나
아기를 낳을 때가 거의 다 되었어요.

이때,
로마 황제는 자신이 다스리는 모든 백성의
수를 세어 보고 싶었어요.
그래서 사람들에게
고향으로 가라고 명령했어요.

마리아와 그의 남편 요셉은
베들레헴으로 가야 했어요.

마리아는 무거운 몸으로
힘들게 이동했어요.

휴우~

드디어 베들레헴에 도착했네요.

이런이런…

멋지고 큰 집도, 깨끗한 호텔도
모두 사람들로 가득 차 있네요.

그때였어요.
마리아의 배가 아프기 시작했어요.

"아야~ 아야~

배가 너무 아파요.
아기가 나오려고 해요."

요셉과 마리아는
겨우 허름한 마구간을 찾았어요.

히잉~ 음메~

소들과 나귀, 말들의 보금자리인
마구간에서
아기 예수님이 태어나셨어요.

응애~ 응애~
베들레헴은
아기 예수님의 울음 소리로
가득 찼어요.

태어난 아기의 눈을 바라보는
마리아의 눈에도
눈물이 글썽였어요.

양 떼를 지키는 목자들이네요?

천사들이 목자들을 찾아가
하나님의 약속대로
아기 예수님이 태어나셨다는
기쁨의 소식을 알려주었어요.

"우와~
하나님의 약속대로 정말 예수님이
다윗의 동네에 태어나셨군요!
당신은 우리 모두를 구원할 구원자세요.
하나님, 감사합니다!"

목자들이 아기 예수께 경배하며 말하는 이야기를 듣고
마리아는 천사를 통해 들었던
하나님의 약속에 관해
곰곰이 생각했어요.

뾰로롱~

마리아의 믿음에 아름다운 꽃이 피었어요.